# ¡VAMOS DE FIESTA!

A Harcourt Spanish Reading / Language Arts Program

# Piñatas y fiestas

Harcourt

Orlando   Boston   Dallas   Chicago   San Diego

# ¡VAMOS DE FIESTA!

*A Harcourt Spanish Reading / Language Arts Program*

## PIÑATAS Y FIESTAS

**AUTORES**

Alma Flor Ada • F. Isabel Campoy • Juan S. Solis

**CONSULTORA**

Angelina Olivares

**Harcourt**

Orlando   Boston   Dallas   Chicago   San Diego

Visite *The Learning Site*

**www.harcourtschool.com**

¡VAMOS DE FIESTA! 2001 Edition Copyright © by Harcourt, Inc.

All rights reserved. No part of this publication may be reproduced or transmitted in any form or by any means, electronic or mechanical, including photocopy, recording, or any information storage and retrieval system, without permission in writing from the publisher.

Requests for permission to make copies of any part of the work should be mailed to the following address: School Permissions, Harcourt, Inc., 6277 Sea Harbor Drive, Orlando, Florida 32887-6777.

HARCOURT and the Harcourt Logo are trademarks of Harcourt, Inc.

Acknowledgments appear in the back of this book.

Printed in the United States of America

ISBN 0-15-315081-5

2 3 4 5 6 7 8 9 10   048   2002 2001 2000

# Piñatas y fiestas

**Estimados niños:**

¿Están listos para comenzar la fiesta? Aprender a leer y a escribir es motivo de celebración. En **Piñatas y fiestas** hay personajes que quieren celebrar con ustedes. Están listos para enseñarles sobre el abecedario, la curiosidad, leer letreros y señales, y sobre palabras que riman. Así que, adelante, celebremos todos juntos la alegría de leer.

Cordialmente,

*Los Autores*

Los Autores

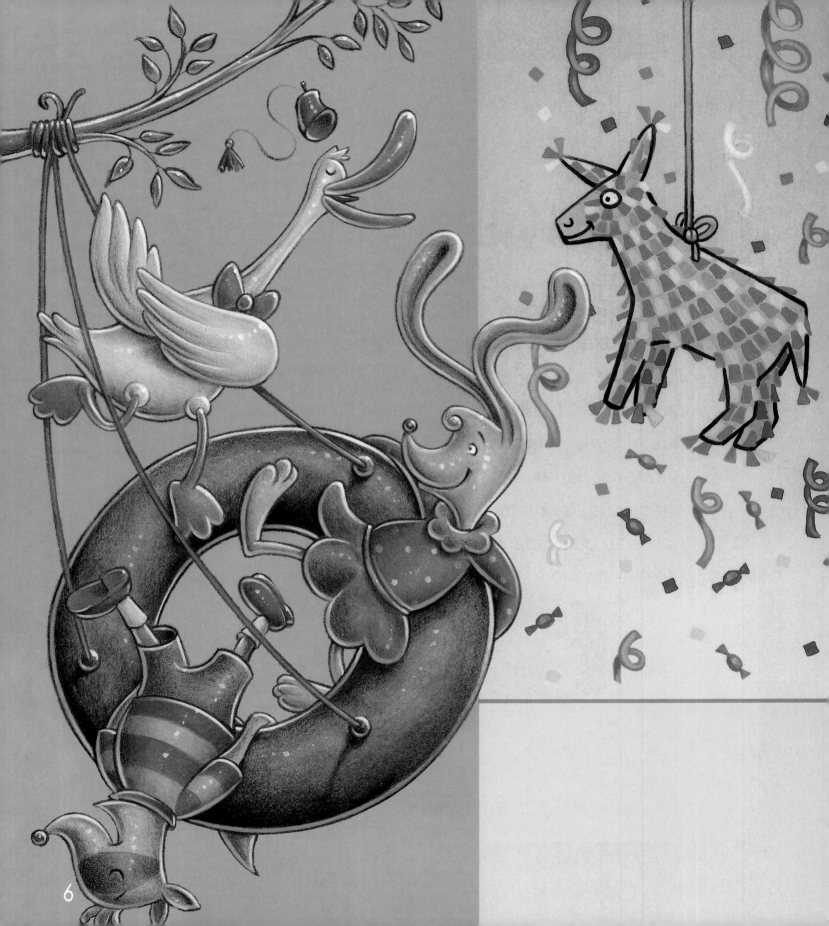

6

# Contenido

# SOPA DE LETRAS

ilustrado por
Lori Lohstoeter

# Aa

# Bb

# Cc

# Ch ch

11

# Dd

# Ee

# Ff

# Gg

# Hh

# Ii

# Jj

Jalea

# Kk

kilo

**Ll**

**Ll**

# Mm

# Nn

# Ññ

# Oo

# Pp

# Qq

# Rr

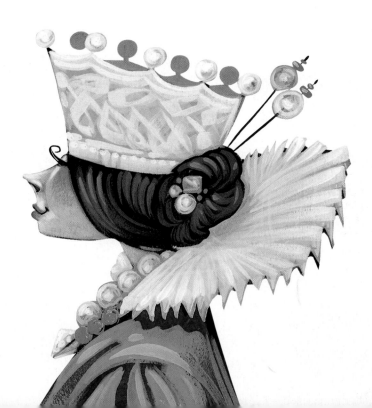

# Ss

# Tt

# Uu

# Vv

# Ww

# Xx

# Yy

# Zz

# ¿Has visto a

Have You Seen My Duckling?

Nancy Tafuri

Premio Caldecott
Mención ALA

24

mi patito?

25

Una mañana temprano . . .

¿Has visto a
mi patito?

34

35

¿Has visto a mi patito?

¿Has visto
a mi patito?

¿Has visto
a mi patito?

¿Has visto a mi patito?

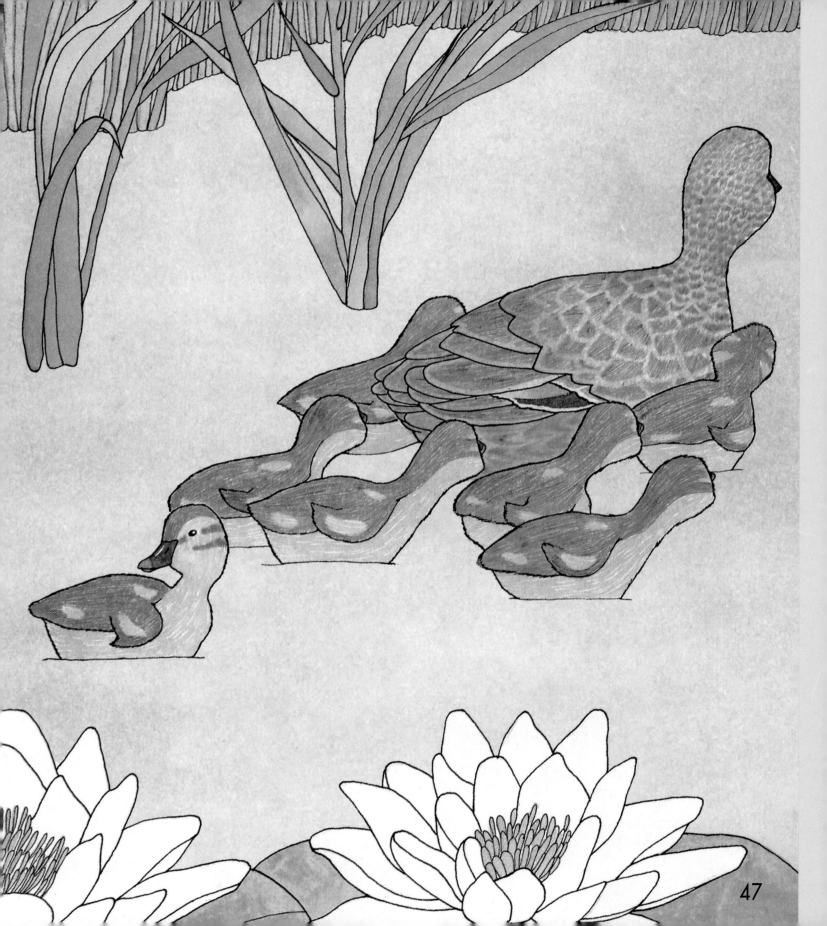

# Mira lo que

Ganador del Premio *New York Times* a la mejor ilustración

# puedo hacer

por Jose Aruego

¡Mira lo que puedo hacer!

¡Yo también puedo!

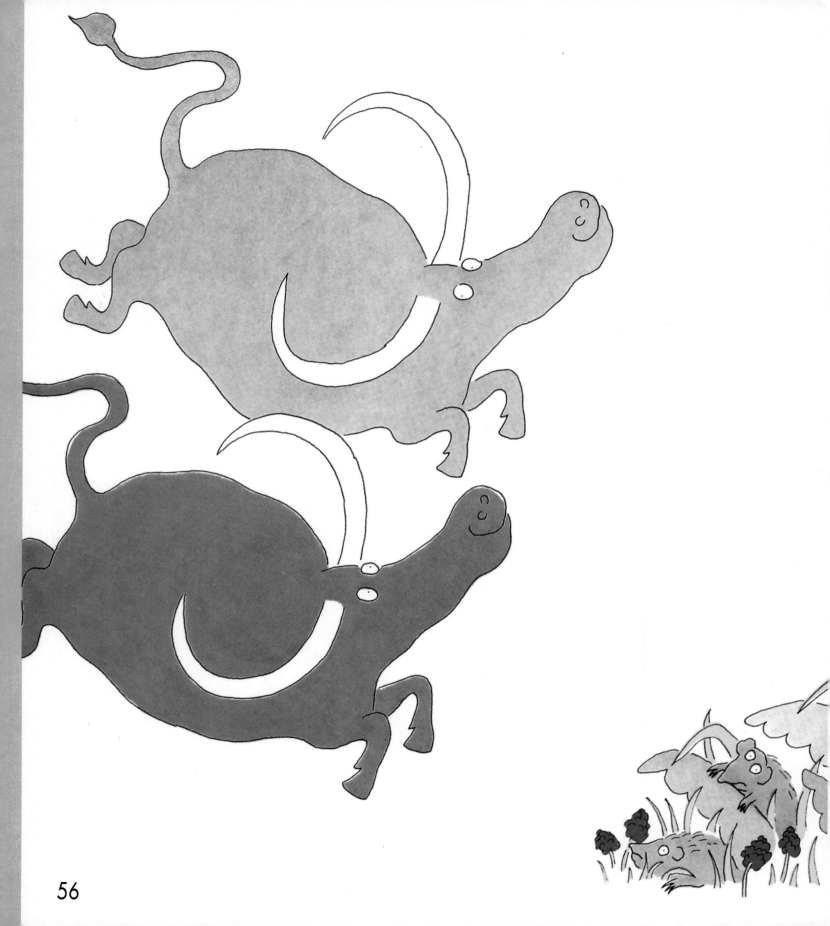

65

¡Mira lo que puedo hacer!

cuenta con Maisy

Lucy Cousins

# Cuenta con Maisy

Premio otorgado
a la autora e
ilustradora

## Lucy
## Cousins

Un
insecto

**2**

dos flores

# 3

## tres hebillas

# 4

## cuatro colores

**5**

# cinco lápices

6

seis

peces

# 7

# siete
# peldaños

8

ocho
patos

9

nueve
hojas

**10**

diez
pulgas

¿Cuántas flores puede contar Maisy?

1  una

2 dos

3 tres

4 cuatro

5 cinco

6 seis

7 siete

8 ocho

9 nueve

10 diez

# Leo letreros y señales

## por Tana Hoban

Premio otorgado a la autora y fotógrafa

TANA HOBAN
I Read Signs
PLAY
GROUND

# ABIERTO

# SIGA

## ESPERE

# ESCUELA
# VELOCIDAD MÁXIMA 15

# ÁREA DE JUEGO

# CUIDADO CON EL PERRO

**PROHIBIDO EL PASO
SALIDA ÚNICAMENTE**

# PROHIBIDO ESTACIONARSE
# CARRIL DE BOMBEROS

# MANGUERA DE INCENDIOS

# CRUCE DE FERROCARRIL

TAXI

PELIGRO
NO SE ACERQUE

**ALTO**

# NO VUELTA A LA IZQUIERDA

# CONSERVE SU DERECHA

SALIDA

# PROHIBIDO PARAR
# SERVICIO DIRECTO

# LA BASURA EN SU LUGAR

# GENTE TRABAJANDO

**PENDIENTE**

# SUPERFICIE IRREGULAR

# ¡CUIDADO!
# NIÑOS JUGANDO

# Ave. ESTE
## DESVÍO

# CARRIL DE BICICLETAS

# PROHIBIDO FUMAR

**JALE**

# EMPUJE

# SIN SALIDA

# CERRADO

# ¿Quién eres?

por Stella Blackstone
y Debbie Harter

WHO ARE YOU?

Stella Blackstone & Debbie Harter

# ¿Quién eres?

# Soy un gato.

# ¿Quién eres?

# Soy un murciélago.

# ¿Quién eres?

# Soy una ballena.

# ¿Quién eres?

# Soy un caracol.

# ¿Quién eres?

# Soy una liebre.

# ¿Quién eres?

# Soy un oso.

# ¿Quién eres?

# Soy un perro.

# ¿Quién eres?

# Soy una rana.

# ¿Quién eres?

# Soy un ganso.

# ¿Quién eres?

# Soy un alce.

# ¿Quién eres?

# ¡Tú ya lo sabes!